Сам себе повар

блюда из птицы

Составитель Вячеслав Скоробаев

Москва
Астрель
Издательский дом «Аркаим»

сравнительная таблица объема и веса

Продукты	1 тонкий стакан	1 столовая ложка	1 чайная ложка	1 шт.
Вода	250	18	5	–
Горох лущеный	230	–	–	–
Желатин (в порошке)	–	15	5	–
Капуста свежая средн.	–	–	–	1500
Картофель средний	–	–	–	100
Крупа гречневая	210	25	–	–
Лук репчатый	–	–	–	75
Майонез	–	15	4	–
Макаронные изделия	230	15	5	–
Масло растительное	240	17	5	–
Молоко цельное	255	18	–	–
Морковь средняя	–	–	–	75
Мука пшеничная	160	25	10	–
Огурец средний	–	–	–	100
Перец молотый	–	–	5	–
Помидор	–	–	–	100
Рис	230	25	9	–
Сливки	250	14	5	–
Свекла	–	–	–	150
Сметана	250	25	10	–
Соль	–	30	10	–
Сухари молотые	125	15	5	–
Томат-пюре	220	25	5	–
Уксус	–	15	5	–
Фасоль	220	–	–	–
Яйцо без скорлупы	6 шт.	–	–	40

содержание

пирог с курицей

646 ккал

на 8 порций

для теста:

мука	250 г
соль	½ ч. ложки
маргарин	125 г
вода холодная	50 г

для начинки:

курица	1 шт.
грибы	300 г
лук репчатый	1 головка
масло сливочное	80 г
перец сладкий	1 шт.
яйцо	2 шт.
сливки	50 г
зелень укропа	1 пучок
соль, мускатный орех	

■ Смешайте муку, соль и маргарин так, чтобы тесто напоминало хлебные крошки, добавьте воду и замесите тесто. Скатайте его в шар и уберите в холодильник на 30 минут.

■ Тушку курицы натрите солью, обжарьте до готовности, охладите, снимите мякоть с костей и нарежьте ее соломкой.

■ Лук нарежьте соломкой, обжарьте на масле в течение 5 минут, добавьте нарезанные соломкой грибы и сладкий перец и жарьте при помешивании до готовности. Смешайте с курицей, рубленой зеленью укропа, заправьте солью и мускатным орехом. Перемешайте.

■ Тесто раскатайте, выложите в смазанную форму, проткните в нескольких местах вилкой и запеките в течение 20 минут в духовке при 200 °С.

■ На выпеченное тесто уложите начинку, залейте смесью яйца со сливками, посолите и выпекайте еще 20 минут.

утка с грибами

707 ккал

на 10 порций

утка	1 шт. (1,5 кг)
грибы соленые	400 г
масло	100 г
огурцы соленые	180 г
бульон	200 г
каперсы	40 г
сахар,соль,перец,укроп	
уксус 3%-й	20 г

- Грибы нарежьте ломтиками.
- Промытую тушку утки посолите, поперчите внутри и снаружи, наполните грибами, положите спинкой вниз на противень или в утятницу и жарьте до готовности. Жирную утку поливайте время от времени водой, а тощую — топленым маслом.
- Соленые огурцы очистите от кожицы, семян и мелко нарежьте ромбиками.
- Огурцы, каперсы, укроп залейте бульоном, добавьте сахар, соль, уксус и вскипятите.
- Фаршированную утку подавайте с грибами, полив соусом из огурцов и каперсов.

фаршированный гусь

1356 ккал

на 8 порций

гусь	1 шт. (2 кг)
лук репчатый	2 головки
яблоки	3 шт.
гречка	2 стакана
масло сливочное	80 г
сметана	200 г
корень петрушки	1 шт.
соль,перец,зелень	

■ Тушку гуся промойте. Сварите рассыпчатую гречневую кашу, заправьте маслом. Растопите гусиный жир и поджарьте на нем нарезанный соломкой лук. Яблоки нарежьте и потушите вместе с луком. Затем прибавьте нарезанные кубиками потроха (сердце, печенку, желудок), гречневую кашу,мелко нарезанную петрушку,соль,перец, все хорошо размешайте,нафаршируйте гуся и зашейте отверстие.

■ Положите гуся на противень с небольшим количеством жира и жарьте,поливая жиром. Когда гусь будет готов,залейте сметаной и снова поставьте в духовку,запекайте до золотистой корочки.

■ Подавайте на блюде,вокруг положите оставшуюся кашу,оформите зеленью.

Все мы знакомы с украшением рождественского стола — жареным гусем, многим нравятся жареные цыплята табака. Но кулинарные возможности этим не исчерпываются, и рецепты в этой книге покажут, что существует множество других способов приготовить из домашней птицы очень вкусные блюда. Почему бы не попробовать для разнообразия сыр из птицы? Цыплятам можно придать особо праздничный вид, если подать их на стол с миндальными орехами или малайским соусом. Попробуйте приготовить утку по новым рецептам, например с сельдереем или утиный паштет.

Кулинарное использование птицы зависит от ее вида и возраста. По виду и возрасту тушки птицы подразделяют на мясо взрослой птицы: куры, утки, гуси, индейки и мясо молодняка: цыплята, утята, гусята, индюшата. К мясу взрослой птицы относят тушки с окостеневшим килем, с ороговевшим клювом и грубой чешуей на ножках, а к мясу молодой птицы относят тушки с хрящевидным (неокостеневшим) килем грудной кости, нежной, эластичной кожей, гладкой, плотно прилегающей чешуей на ножках, у петушков — с недоразвитыми шпорами, с неогрубевшим клювом.

Мясо молодых кур, индеек, цыплят рекомендуется использовать для приготовления жареных, отварных и припущенных вторых блюд, для приготовления салатов. Из взрослых упитанных кур и индеек получаются крепкие ароматные бульоны. Бульоны из бройлеров менее вкусны, так как беднее по содержанию экстрактивных веществ. Бульоны из гусей и уток имеют специфический запах, поэтому их используют для приготовления рассольников. Мясо взрослых кур и петухов используют для приготовления рубленых изделий и тушеных блюд. Гусей и уток используют для приготовления жареных и тушеных блюд.

Подготовка птицы к тепловой обработке

Птицу натирают мукой и опаливают, со стороны спинки делают надрез кожи на шейке, отгибают кожу и отрубают шею по последнему шейному позвонку. Если тушка используется целиком, кожу оставляют: ею закрывают горловое отверстие. Концы крыльев у птиц всех видов, кроме цыплят, отрубают по локтевой сустав, а ножки — ниже пяточного сустава на 1 см. После тепловой обработки утолщение пяточного сустава отрубают полностью. Потрошат птицу через разрез на брюшке. Тушку моют и затем обсушивают.

Приготовление полуфабрикатов из филе птицы

Для снятия филе обработанную тушку

куриные пирожки с картофелем 579 ккал

на 4 порции	
картофель	700 г
мякоть вареной курицы	350 г
лук зеленый	3 стебля
кукуруза консервированная	4 ст. ложки
зеленый горошек	4 ст. ложки
перец сладкий	1 шт.
яйцо	1 шт.
сухари панировочные	85 г
масло растительное	3 ст. ложки
зелень петрушки	1 пучок
соль,перец молотый	

■ Картофель очистите и сварите в подсоленной воде,протрите горячим.

■ Мякоть вареной курицы мелко порубите, соедините с картофелем, горошком, кукурузой, мелко нарезанными сладким перцем, луком, зеленью, яйцом, посолите, поперчите, хорошо перемешайте.

■ Разделите смесь на 12 частей,сформуйте пирожки удлиненной формы,обваляйте в сухарях и обжарьте на масле до золотистой корочки.

укладывают спинкой на доску, надрезают кожу в пашках, отгибают ножки в суставах и снимают кожу с килевой части. Птицу поворачивают шейкой к себе, подрезают мякоть по выступу грудной кости, перерубают косточку-вилку и срезают сначала одно филе с крыльной косточкой, а затем — другое. Снятое филе состоит из двух слоев мышц — большого (наружного) с крыльной косточкой и малого (внутреннего). Малое филе отделяют от большого и зачищают. От большого филе отделяют косточку-вилку, зачищают крыльную косточку и отрубают от нее утолщенную часть. С филе срезают пленки тонким и влажным ножом. В большом филе делают продольный разрез мякоти, разворачивают ее по обе стороны от разреза и в нескольких местах перерезают продольное сухожилие. Из малого филе вытягивают продольное сухожилие, мякоть отбивают.

При изготовлении котлеты натуральной малое филе вставляют в разрез большого и слегка отбивают обратной стороной ножа, выравнивая поверхность. Для шницеля у большого филе отрезают крыльную косточку. После перерезания сухожилия мякоть отбивают, укладывают сверху отбитое малое филе, края большого равномерно подгибают к центру, закрывая малое филе, и отбивают обратной стороной ножа, придавая ровную овальную форму.

Подача вин к блюдам из птицы

Для блюд из мяса птицы можно порекомендовать следующие напитки:

к горячим закускам — красные столовые вина, слегка охлажденные (до 12–18 °С);

к горячим блюдам — красные сухие вина (телиани, мукузани, матраса) комнатной температуры;

сухие белые вина различных марок;

сухое и полусухое шампанское.

курица фаршированная 440 ккал

на 8 порций

курица	1 шт.
бульон	300 г
хлеб пшеничный	100 г
молоко или сливки	200 г
масло сливочное	100 г
яйцо	1 шт.
чернослив без косточек	100 г
фисташки	50 г
мускатный орех тертый	
соль,перец	

■ Надрежьте кожу на тушке курицы со стороны спинки, снимите кожу. С костей снимите мякоть, пропустите ее через мясорубку, соедините с замоченным в молоке хлебным мякишем и вновь пропустите через мясорубку; затем вымешайте с размягченным маслом, яйцом, молоком, специями и солью, добавьте фисташки.

■ Массу выложите на кожу,разровняйте и сверните рулетом. Заверните рулет в пергамент,перевяжите. Варите в небольшом количестве бульона под крышкой на слабом огне 1–1,5 часа до готовности.

■ Готовый рулет выньте из бульона,полейте маслом и подрумяньте в духовке.

■ Подавайте с распаренным черносливом,оформите веточками зелени.

салаты и закуски

помидоры, фаршированные курицей 410 ккал

на 4 порции

помидоры	8 шт.
мякоть вареной курицы	200 г
вареный рис	2 ст. ложки
лук репчатый	1 головка
масло	2–3 ст. ложки
сыр	50 г
сметана	4 ст. ложки
соль, перец черный молотый	
зелень	

■ У помидоров срежьте верхнюю часть (со стороны плодоножки) и аккуратно удалите мякоть, посолите, поперчите и дайте стечь соку.

■ Мякоть курицы мелко порубите, добавьте рубленый, обжаренный на масле лук, вареный рис, соль, перец, все перемешайте.

■ Полученным фаршем наполните помидоры, уложите их на смазанный маслом лист, посыпьте тертым сыром, сбрызните маслом и запекайте в духовке.

■ Готовые помидоры посыпьте зеленью, подавайте горячими со сметаной.

бутерброды с куриным филе 263 ккал

на 4 порции

хлеб	4 ломтика
филе отварной курицы	200 г
масло сливочное	60 г
майонез	4 ч. ложки
соль	

- Филе отварной курицы нарежьте мелкими кубиками.
- Хлеб намажьте тонким слоем масла,поверх масла положите ровным слоем куриное филе,посолите, сверху залейте майонезом.
- Бутерброды запекайте в духовке до образования румяной корочки.
- Подавайте горячими к коктейлю,чаю,кофе.

кнели из кур

308 ккал

на 2 порции

мякоть курицы	300 г
яичные белки	2 шт.
масло сливочное	30—40 г
молоко или сливки	100 г
соль,специи,зелень пряная	

- Мякоть курицы пропустите через мясорубку два-три раза, добавьте размягченное масло, яичные белки и все хорошо взбейте; постепенно добавляя сливки, выбейте до пышной однородной массы. В готовую массу добавьте соль и специи.
- Кнельную массу разделайте при помощи двух ложек и сразу опустите кнели в горячий бульон или воду и варите при слабом кипении в течение 7—10 минут.
- При подаче посыпьте рубленой зеленью. Подайте на гарнир отварной зеленый горошек и отварную цветную капусту.

канапе с мясом цыпленка 255 ккал

на 4 порции

цыпленок	120 г
язык вареный	25 г
хлеб белый	70 г
масло сливочное	30 г
горчица	5 г
майонез	50 г
соль,листья салата	

■ Белый хлеб нарежьте тонкими ломтиками. Круглой выемкой вырежьте ломтики и обжарьте в масле. Сливочное масло разотрите с горчицей и намажьте его на гренки.

■ Тушку цыпленка отварите, охладите, отделите мясо, мелко порубите, посолите, заправьте майонезом и уложите на одну половину гренок. На другую половину положите рубленый язык.

куриные колбаски

660 ккал

на 2 порции

мякоть курицы	300 г
сливки	30 г
масло сливочное	40 г
орехи лесные или кедровые	20 г
яйцо	1 шт.
брусника	30 г
соль,зелень	

■ Сырую мякоть пропустите два раза через мясорубку, заправьте солью, введите рубленые, слегка обжаренные орехи, размягченное масло, разведите сливками и тщательно взбейте массу.

■ Сформуйте колбаски,смочите в яйце,обжарьте в масле,а затем в духовке доведите до готовности.

■ Подавайте с жареным картофелем, оформите брусникой и зеленью.

канапе с паштетом

154 ккал

на 4 порции

язык вареный	25 г
хлеб белый	70 г
масло сливочное	15 г
горчица	5 г
для паштета:	
филе цыпленка	100 г
масло сливочное	6 г
сыр	6 г
вино мадера	6 г
соль,мускатный орех,листья салата	

■ Белый хлеб нарежьте тонкими ломтиками. Круглой выемкой вырежьте ломтики и обжарьте в масле. Сливочное масло разотрите с горчицей и намажьте его на гренки.

■ Мякоть цыпленка отварите с солью и охладите, пропустите дважды через мясорубку с частой решеткой, соедините с тертым сыром и маслом, тщательно вымешайте, заправьте вином мадера, мускатным орехом. Выпустите паштет с помощью кондитерского мешка на ломтики хлеба. Вокруг сделайте ободок из мелко нарубленного вареного языка.

■ Готовое канапе подайте на листьях салата.

пицца с куриной печенью 580 ккал

на 4 порции

для теста:

мука	200 г
соль	½ ч. ложки
дрожжи	10 г
вода	½ стакана
сахар	½ ч. ложки
масло растительное	1 ст. ложка
масло сливочное	1 ч. ложка
для начинки:	
печень куриная	300 г
помидоры	2 шт.
маслины	3 ст. ложки
лук репчатый	2 головки
масло сливочное	80 г
майонез	4 ст. ложки
соль,перец	
зелень рубленая	

■ Дрожжи, соль и сахар растворите в теплой воде, добавьте муку и растительное масло, замесите тесто и поставьте в теплое место для брожения. Как только тесто поднимется, снова промесите, накройте тканью и дайте вновь подняться. Готовое тесто не прилипает к рукам и хорошо отстает от стенок посуды.

■ Для начинки печень нарежьте кусочками, лук и половину нормы маслин — кольцами. Обжарьте на сливочном масле лук до золотистого цвета,добавьте печень и жарьте еще 12—15 минут,перемешайте.

■ Готовое тесто раскатайте и выложите на смазанный маслом противень, положите начинку, сверху — помидоры,нарезанные кружочками,смажьте майонезом и оформите маслинами. Запекайте в духовке 20—25 минут.

■ При подаче пиццу посыпьте зеленью.

суфле

337 ккал

на 2 порции

мякоть курицы	100 г
молоко	50 г
масло сливочное	40 г
мука	20 г
яйцо	1 шт.
сыр	10 г
перец,соль,зелень	

- Мякоть курицы сварите с добавлением соли,пропустите через мясорубку.
- Для молочного соуса муку подсушите при помешивании до появления запаха каленого ореха, немного охладите. Разведите мучную пассеровку молоком, варите 10 минут, посолите, процедите и доведите до кипения.
- В приготовленный фарш добавьте молочный соус средней густоты, яичный желток, перец и тщательно размешайте. Затем введите взбитый яичный белок, аккуратно перемешайте, уложите в формочки,посыпьте тертым сыром,сбрызните растопленным маслом и запеките в духовке.
- При подаче оформите зеленью.

жюльен из птицы 382 ккал

на 4 порции

куриная мякоть	300–400 г
грибы	300 г
мука	1 ст. ложка
куриный бульон или молоко	1 стакан
масло сливочное	5 ст. ложек
сметана	1 стакан
сыр тертый	1 ст. ложка
соль	

■ Приготовьте соус: муку подсушите на сковороде, помешивая, без изменения цвета, остудите, введите 2 столовые ложки масла, бульон или молоко, соль и, часто помешивая, доведите до кипения. Полученный белый соус смешайте со сметаной в соотношении 1:1, доведите до кипения.

■ Грибы нарежьте ломтиками, куриную мякоть нарежьте соломкой и обжарьте в 2 столовых ложках масла.

■ Куриную мякоть и грибы залейте соусом, посыпьте тертым сыром, сбрызните 1 столовой ложкой растопленного масла и запеките в духовке.

закуска из фаршированной курицы 453 ккал

на 8 порций

курица	1 шт.
баранина	200 г
рис	100 г
яйцо	1 шт.
изюм	20 г
лук репчатый	1 головка
молоко	100 г
масло сливочное	40 г
соль, перец и корица молотые	

■ У тушки курицы надрежьте кожу вдоль спины, снимите ее, отделите филе и мякоть и вместе с бараниной пропустите через мясорубку.

■ Рис сварите до полуготовности, посолите.

■ Лук порубите и спассеруйте в масле.

■ Изюм промойте. Яйцо смешайте с молоком.

■ Мясо, рис, изюм, лук и льезон смешайте и заправьте перцем и корицей. Этим фаршем наполните кожу и сшейте разрез. Тушку заверните в салфетку, перевяжите шпагатом, залейте подсоленной водой или бульоном и варите до готовности на слабом огне.

■ После варки курицу охладите в этом же бульоне, затем снимите салфетку и удалите нитки. При подаче курицу нарежьте по 2–3 куска на порцию, положите на блюдо и гарнируйте овощами.

курица запеченная 849 ккал

на 4 порции

филе курицы	4 шт.
лук репчатый	1 головка
бульон	125 г
морковь	1 шт.
корень сельдерея	1 шт.
картофель	4 шт.
масло сливочное	40 г
соль, перец черный, мускатный орех	
для теста:	
мука	30 г
масло сливочное	40 г
вода	15 г
соль	

- Морковь, сельдерей и картофель нарежьте кубиками.
- Лук очистите и нашинкуйте соломкой.
- Промойте филе курицы, нарежьте на куски и обжарьте на масле вместе с луком. Залейте бульоном овощи, тушите 20–30 минут.
- Выложите обжаренное филе в форму, вокруг разложите овощи. Посыпьте солью, перцем, тертым мускатным орехом.
- Из муки, воды с добавлением соли замесите тесто. Раскатывайте его тонким пластом три раза, каждый раз смазывая растопленным маслом, и складывайте конвертом. В четвертый раз раскатайте пластом размером с форму. Покройте им курицу и овощи, подлейте немного бульона и запеките в духовке, пока тесто не подрумянится.

сыр из птицы

638 ккал

на 2 порции

мякоть обжаренной птицы	100 г
сыр тертый	60 г
бульон	2 ст. ложки
масло сливочное	50 г
вино красное типа мадеры	1 ст. ложка
мука	20 г
песочные корзиночки	4 шт.
соль,перец,мускатный орех	

■ Приготовьте соус: муку подсушите при помешивании до золотистого цвета, охладите и разведите водой до однородной консистенции.

■ Мякоть обжаренной птицы пропустите через мясорубку с частой решеткой два раза.

■ В фарш добавьте соус,тертый сыр и все хорошо перемешайте. Затем добавьте размягченное сливочное масло, бульон и взбейте фарш до получения пышной однородной массы.

■ Массу протрите через сито, добавьте вино, соль, перец и тертый мускатный орех.

■ Сыр подавайте в корзиночках из песочного теста.

цыплята с маринадом

644 ккал

на 2 порции

цыпленок	300 г
масло растительное	40 г
лук репчатый	50 г
бульон	100 г
морковь	50 г
помидоры консервированные	100 г
чеснок	2 дольки
лимон	2 ломтика
мука	1 ст. ложка
соль,специи,зелень	

- Муку поджарьте при помешивании до запаха каленого ореха.
- Приготовьте томатный маринад: нашинкованные соломкой морковь, лук, нарезанные ломтиками помидоры спассеруйте на масле, добавьте пассерованную муку, специи, чеснок, бульон и проварите до загустения.
- Тушку цыпленка промойте, нарубите по 2–3 куска на порцию, обжарьте на масле до золотистой корочки, уложите в смазанную маслом жаровню, залейте маринадом и запекайте до готовности в духовке.
- При подаче посыпьте зеленью и положите ломтик лимона. Отдельно подайте салат из свежих помидоров, огурцов.

салат с ананасами и спаржей 254 ккал

на 10 порций

мясо птицы вареное	300 г
язык вареный	150 г
шампиньоны вареные	150 г
спаржа консервированная	100 г
зелень сельдерея	100 г
майонез	200 г
ананас консервированный	5 ломтиков
соль,перец молотый,	
зелень петрушки	

- Мясо птицы и язык нарежьте соломкой.
- Зелень сельдерея промойте и отожмите через салфетку,нарежьте.
- Ананас отделите от сиропа,нарежьте ломтиками.
- Все продукты соедините с майонезом,добавьте соль,перец.
- При подаче салат уложите горкой в салатник, сверху оформите веточкой петрушки и кусочком ананаса.

цыплята по-московски

837 ккал

на 4 порции

цыплята	2 шт.
грибы белые свежие или шампиньоны консервированные	100 г
лук репчатый	2 головки
сметана	100 г
масло	50 г
соль, специи, зелень укропа	
для теста:	
мука	200 г
вода	100 г
соль	

■ Лук нашинкуйте соломкой, грибы нарежьте ломтиками.

■ Промойте тушки цыплят, разрубите их на порционные куски, посолите и обжарьте вместе с луком и грибами на масле, уложите в порционные горшки.

■ Из муки, воды и соли замесите крутое тесто.

■ В посуду, где жарились цыплята, всыпьте муку, спассеруйте ее, влейте сметану и вскипятите.

■ Полученным соусом залейте цыплят, добавьте рубленый укроп, плотно закройте горшок сочнем из теста и запекайте 30 минут в духовке.

■ Подавайте цыплят в том же горшочке. Отдельно на гарнир подайте припущенный рис.

салат с шампиньонами и ананасами

255 ккал

на 8 порций

мясо птицы вареное	350 г
яйцо	4 шт.
шампиньоны вареные	100 г
спаржа консервированная	100 г
ананас консервированный	100 г
майонез	150 г
соль	

■ Мясо птицы, спаржу и ананас нарежьте ломтиками.

■ Яйца разрежьте на четыре части.

■ Все продукты соедините, заправьте майонезом, добавив по вкусу соль.

■ При подаче оформите ломтиками шам-пиньонов и ананаса.

куры по-арабски

515 ккал

на 4 порции	
курица	500 г
яйцо	2 шт.
мука	40 г
лук репчатый	3 головки
масло сливочное	60 г
сок лимонный	1 ч. ложка
чеснок	1 головка
вода	1 стакан
соль, зелень	

- Чеснок очистите, мелко нарежьте, добавьте стакан воды, лимонный сок.
- Тушку курицы промойте, нарубите на куски, маринуйте в течение 1–2 часов в чесночном растворе с добавлением мелко рубленной зелени.
- Лук нарежьте кубиками и обжарьте на части масла без изменения цвета.
- Взбейте яйцо, добавьте пассерованный лук, рубленую зелень, соль.
- Маринованные куски курицы запанируйте в муке, обмакните в яйцо с луком и обжарьте на раскаленной с маслом сковороде. Оставшимся яйцом залейте курицу и запекайте в духовке.
- Подавайте с припущенным рисом.

салат по-итальянски

367 ккал

на 8 порций

мякоть птицы вареная	300 г
макароны вареные	200 г
окорок вареный	100 г
помидоры	100 г
майонез	200 г
соль, зелень	

- Мякоть птицы, окорок нарежьте соломкой, помидоры разрежьте на четыре части.
- Все продукты соедините с майонезом, добавив соль по вкусу.
- Готовый салат выложите горкой в салатник, оформите зеленью.

индейка-плакия

486 ккал

на 6 порций	
индейка	1 кг
морковь	2 шт.
корень сельдерея	1–3 шт.
лук репчатый	3–4 головки
чеснок	6–7 долек
масло растительное	5–6 ст. ложек
вино	½ стакана
помидоры	4–5 шт.
перец черный	15 горошин
лимон	6 ломтиков
соль, лавровый лист	

■ Тушку индейки разрубите на порционные куски, залейте горячей водой, доведите до кипения. Добавьте морковь, сельдерей, нарезанные ломтиками, и продолжайте варить. Через 20 минут добавьте нарезанный кольцами лук, дольки чеснока, лавровый лист, перец и масло. Варите на слабом огне до готовности.

■ Переложите индейку в жаровню, полейте вином, добавьте нарезанные помидоры, несколько ломтиков лимона, соль. Запеките в духовке при 220 °С до золотистой корочки.

■ Подавайте с гречневой кашей и маринованными продуктами.

салат по-московски

252 ккал

на 10 порций

мякоть птицы вареная	300 г
окорок вареный	100 г
крабы или креветки консервированные	100 г
яйцо вкрутую	3 шт.
огурцы маринованные	100 г
майонез	200 г
зелень	

- Мякоть птицы нарежьте маленькими ломтиками.
- Окорок нарежьте кубиками, оставив ломтики для оформления.
- Мясо крабов разделайте на кусочки.
- Яйца разрежьте на четыре части.
- Все продукты соедините с майонезом и посолите.
- Салат выложите в салатник и оформите зеленью и ломтиками окорока.

форшмак из индейки 467 ккал

на 4 порции

филе жареной индейки	600 г
филе сельди	1 шт.
лук репчатый	1–2 головки
яйцо	2 шт.
сливки	1 стакан
сухари молотые	4 ч. ложки
масло сливочное	50 г
соль,специи,зелень рубленая	

- Филе индейки и сельди,лук нарежьте кубиками, смешайте и пропустите дважды через мясорубку. Положите специи, соль, добавьте сырые желтки и хорошо выбейте.
- Отдельно взбейте яичные белки и сливки,соедините их с приготовленной массой.
- Фарш выложите в смазанную маслом и обсыпанную сухарями форму,сбрызните сверху маслом и запекайте в духовке.
- Готовый форшмак разделите на порции, посыпьте зеленью. Кетчуп подайте отдельно.

салат английский

383 ккал

на 2 порции

мякоть цыпленка	200 г
корень сельдерея	75 г
шампиньоны вареные	35 г
огурцы соленые	10 г
майонез	35 г
горчица готовая	5 г
перец сладкий	15 г
листья салата	5 г
соль	

■ Мякоть цыпленка отварите,охладите и нарежьте ломтиками.

■ Отваренные грибы и очищенные от кожицы и семян соленые огурцы нарежьте ломтиками.

■ Сельдерей промойте, очистите и нарежьте соломкой.

■ Все продукты перемешайте, посолите, заправьте майонезом с горчицей.

■ Салат уложите в салатники,оформите перцем и листиками салата.

утка с апельсинами 1147 ккал

на 6 порций

утка	1 шт. (1,5 кг)
масло сливочное	80 г
апельсин	2 шт.
виноград	1 гроздь
соль	

■ Тушку утки промойте, нарежьте на порционные куски, посолите и поджарьте на масле.

■ С апельсина срежьте цедру, нарежьте ее соломкой и ошпарьте. Апельсин, после удаления семян, нарежьте дольками.

■ Виноград промойте и отделите ягоды.

■ Утку уложите в жаровню, вокруг разложите апельсин и виноград, залейте соком, оставшимся от жарки, обсыпьте цедрой апельсина, закройте крышкой и запекайте в разогретой духовке 10—15 минут.

■ Подавайте утку в этой же посуде либо переложите ее на разогретое блюдо.

салат с картофелем и помидорами 191 ккал

на 4 порции

курица вареная	110 г
картофель	100 г
помидоры	120 г
яйцо	1 шт.
майонез	50 г
соль,перец,зелень	

■ Картофель отварите в кожуре,остудите,очистите и нарежьте тонкими ломтиками. Так же нарежьте мякоть вареной курицы.

■ В салатник уложите ровный слой помидоров, нарезанных кружочками, посыпьте солью и перцем. Сверху уложите слой курицы,на него — слой картофеля посыпьте солью и перцем.

■ Салат полейте майонезом и оформите ломтиками яйца,посыпьте зеленью.

гусиная печень в томатном соусе 713 ккал

на 4 порции

печень гусиная	350–400 г
масло сливочное	40–50 г
кетчуп	1 стакан
рис	2 стакана
сыр желтый тертый	½ стакана
соль,перец,зелень петрушки рубленая	

■ Промойте гусиную печень, ошпарьте, обжарьте с маслом на сковороде, посолите, поперчите. Влейте кетчуп и прокипятите 1–2 минуты.

■ Отварите рис с добавлением соли.

■ Рассыпчатую рисовую кашу смешайте с сыром, выложите горкой на блюдо, сделайте в центре большую воронку и заполните ее печенью с соусом.

■ При подаче посыпьте блюдо зеленью. По ободу рисовой горки налейте полоской кетчуп.

салат по-мексикански

157 ккал

на 4 порции	
филе жареного цыпленка	110 г
корень сельдерея	65 г
перец сладкий	35 г
лук репчатый	35 г
листья салата	65 г
майонез	50 г
маслины	25 г
сахар	

- Филе жареного цыпленка нарежьте соломкой.
- Очищенный сельдерей измельчите на терке.
- Сладкий перец, репчатый лук и листья салата нашинкуйте соломкой, оставив немного лука и листьев салата для оформления.
- Подготовленные продукты заправьте майонезом, добавьте сахар.
- Перед подачей салат оформите маслинами, листьями салата и луком.

курица в банке

434 ккал

на 6 порций

курица	1 шт.
бульон или вода	3 ст. ложки
соль, перец молотый	

- Тушку курицы промойте, нарежьте на порционные куски.
- В литровую банку уложите куски сырой курицы, пересыпьте солью и специями, влейте в банку бульона или воды, горлышко закройте алюминиевой фольгой и поставьте в только что включенную духовку. Через 1 час блюдо готово.
- Подавайте с фасолью или тыквой.

неаполитанский салат 320 ккал

на 2 порции

мясо отварной утки	50 г
огурцы маринованные	30 г
свекла отварная	30 г
корень сельдерея	20 г
морковь отварная	20 г
картофель отварной	30 г
майонез	60 г
зелень	3 г
соль,перец	

- Мясо утки нарежьте соломкой,немного ос-тавьте для оформления.
- Огурцы очистите от кожицы и семян. Нарежьте соломкой.
- Очистите корень сельдерея и измельчите на терке.
- Свеклу, морковь, картофель нарежьте ломтиками.
- Подготовленные продукты перемешайте, заправьте майонезом, солью, перцем, уложите горкой в салатник, оформите зеленью и соломкой из мякоти утки.

окорочка куриные фаршированные 932 ккал

на 2 порции

ножки куриные	2 шт.
печень куриная	60 г
хлеб пшеничный	60 г
молоко	40 г
лук репчатый	1 головка
масло сливочное	100 г
сметана	2 ст. ложки
орех мускатный,соль,перец	

- С куриной ножки снимите кожу, не отрывая от нижнего конца косточки. Косточку перерубите, мякоть пропустите через мясорубку.
- Хлеб, замоченный в молоке, дважды пропустите через мясорубку.
- Лук нашинкуйте соломкой и обжарьте на масле, добавьте куриную печень, предварительно ошпаренную крутым кипятком, жарьте еще 5 минут, затем печень охладите и нарежьте мелкими кубиками.
- Подготовленные продукты соедините и заправьте специями. Кожу начините, зашейте, смажьте сметаной и жарьте в течение 15–20 минут в духовке.
- Подавайте с отварным рисом.

салат по-кубински из индейки 342 ккал

на 4 порции	
филе отварной индейки	200 г
апельсины	80 г
яблоки	80 г
майонез	30 г
сок лимона	1 ч. ложка
соль,зелень	
аджика	

■ Мякоть индейки нарежьте ломтиками.

■ Очистите от кожицы,семян яблоки и апельсины и нарежьте их ломтиками, оставьте немного для оформления.

■ В майонез добавьте аджику, сок лимона и этой смесью заправьте фрукты и отварную индейку.

■ Салат уложите горкой,оформите дольками апельсинов,яблок и зеленью.

утка с квашеной капустой 712 ккал

на 6 порций

утка	1 шт.
капуста квашеная	1 кг
бульон или вода	300 г
жир для жаренья	100 г
соль, сахар, перец черный молотый и горошком	

■ Тушку утки нарежьте на куски, натрите солью и перцем, обжарьте на сковороде в разогретом жире до образования золотистой корочки.

■ Капусту потушите до готовности с добавлением воды или бульона. Положите в капусту обжаренные куски утки и тушите под крышкой до полной готовности, незадолго до окончания тушения приправьте сахаром, солью и перцем.

■ Положите порции утки на отдельные тарелки, гарнируйте капустой и полейте соусом, в котором утка тушилась.

салат мясной по-немецки

134 ккал

на 4 порции

мякоть отварной курицы	100 г
огурцы соленые	60 г
листья салата	40 г
лук репчатый	1 головка
яблоки	60 г
масло оливковое	20 г
сахар	5 г
уксус	5 г
паприка	5 г
горчица	3 г

соль,зелень петрушки или укропа

■ Отварное мясо птицы нарежьте кубиками.

■ Листья салата, репчатый лук, огурцы и яблоки нарежьте ломтиками,оставьте немного для оформления.

■ Взбейте масло с сахаром,уксусом,солью,горчицей и заправьте все компоненты. Для остроты добавьте паприку.

■ Салат уложите горкой на листья салата, оформите ломтиками огурцов и зеленью.

биточки из птицы, фаршированные шампиньонами

950 ккал

на 4 порции	
курица	1300 г
шампиньоны	250 г
батон вчерашний	120 г
молоко или вода	160 г
масло сливочное	7 ст. ложек
сухари для панировки	60 г
соль	

■ С тушки курицы снимите мякоть, смешайте с батоном, предварительно замоченным в молоке или воде, и пропустите два раза через мясорубку. Массу посолите, разведите оставшимся от замачивания хлеба молоком, добавьте 2 столовые ложки размягченного сливочного масла и взбейте.

■ Шампиньоны нарежьте мелкими кубиками, обжарьте в 2 столовых ложках масла и посолите.

■ Из куриной массы сформуйте лепешки, уложите на середину грибы, края соедините, придайте форму биточков. Запанируйте в сухарях и обжарьте в 3 столовых ложках масла до золотистой корочки, прогрейте в духовке. При подаче полейте маслом, на гарнир подайте картофель жареный, или картофельное пюре, или припущенные овощи.

яйца,фаршированные гусиной печенью 393 ккал

на 2 порции

яйцо	2 шт.
печень гусиная	50 г
жир гусиный топленый	10 г
лук репчатый	1 головка
масло сливочное	15 г
коньяк	5 г
листья салата,соль, перец черный	
для соуса:	
мука	10 г
масло сливочное	10 г
молоко	75 г

■ Сваренные вкрутую яйца очистите, разрежьте вдоль на половинки и выньте желтки.

■ Для соуса муку обжарьте на масле,охладите,разведите молоком и проварите до загустения.

■ Печень поджарьте вместе с нарезанным кольцами луком. Добавьте желтки и протрите все через сито, смешайте с маслом и соусом. Заправьте солью,перцем и коньяком. Тщательно перемешайте.

■ Приготовленной массой заполните половинки яиц. При подаче уложите на листья салата.

бройлеры по-итальянски 362 ккал

на 4–6 порций	
цыплята бройлеры	2 шт.
помидоры	4–6 шт.
масло сливочное	100 г
лук репчатый	3–4 головки
сок лимонный	1–2 ст. ложки
соль,перец горошком,зелень	

- Тушки цыплят нарубите на порции, обжарьте в масле до золотистой корочки.
- Помидоры ошпарьте кипятком, снимите с них кожицу и нарежьте кусочками.
- Растопите масло, положите мелко нарезанный лук и обжарьте его, помешивая, добавьте помидоры и еще обжарьте. Затем положите куски птицы, добавьте лимонный сок, перец и доведите до кипения.
- Подавайте, полив образовавшимся при жарении соусом и обильно посыпав зеленью. На гарнир подайте отварные макароны.

помидоры, фаршированные мясом и грибами

137 ккал

на 2 порции

помидоры	4 шт.
мясо отварной птицы	80 г
шампиньоны	80 г
майонез	2 ст. ложки
соль, перец, зелень петрушки	

- У помидоров срежьте верхнюю часть и выньте сердцевину. Посолите, дайте стечь жидкости, добавьте перец.
- Шампиньоны отварите в подсоленной воде, нарежьте ломтиками.
- Вареное мясо птицы нарежьте мелкими кубиками, смешайте с майонезом и грибами.
- Помидоры наполните приготовленным фаршем, выложите на блюдо, на каждый положите по ломтику шампиньона и оформите зеленью.

курица в сыре

406 ккал

на 4 порции

курица	1 шт.
лук репчатый	1 головка
яйцо	2 шт.
сыр тертый	1 стакан
молоко	½ стакана
крахмал	1 ч. ложка
соль, перец, зелень	

■ Тушку курицы разрежьте на куски, посолите, поперчите, обжарьте на масле, добавьте немного воды, тушите на слабом огне до готовности.

■ Смешайте яйца, молоко, крахмал и тертый сыр. Добавьте соль, перец и хорошо взбейте.

■ Куски курицы несколько раз обмакните в сырную смесь, обваляйте в сухарях и обжарьте в масле до золотистой корочки.

■ При подаче гарнируйте припущенными овощами и оформите веточками зелени.

цыплята в горшочках — 461 ккал

на 4 порции	
цыплята	2 шт.
масло сливочное	100 г
яйцо	1 шт.
апельсин	1 шт.
сок ½ лимона	
веточки свежего эстрагона или петрушки, листья салата	
соль, перец черный, мускатный орех	

■ Посолите и поперчите тушки цыплят. Жарьте 15 минут, часто поворачивая. Остудите, снимите с костей мякоть и тщательно порубите ее.

■ Добавьте лимонный сок, специи, часть зелени, яйцо, масло и взбейте. Разделите смесь на шарики.

■ Из фольги сделайте маленькие горшочки: оберните двойным слоем фольги основание стакана и прижмите фольгу к бокам стакана, снимите фольгу и используйте ее в качестве форм. Наполните горшочки смесью. Запеките в духовке 5—7 минут.

■ Выложите на листья салата содержимое горшочков, оформите блюдо дольками апельсина, веточкой зелени. Подается как горячая закуска.

цыплята по-мексикански

967 ккал

на 2 порции

цыпленок	400 г
масло оливковое	60 г
вино белое	100 г
бульон	100 г
томат-пюре	1 ст. ложка
грибы белые	200 г
помидоры	2 шт.
перец сладкий	2 шт.
мука	1 ст. ложка
хлеб белый	2 ломтика
соль	

■ Куски цыпленка обжарьте в масле до образования золотистой корочки. Затем залейте белым вином, бульоном, добавьте обжаренный на масле томат-пюре и тушите до готовности.

■ Грибы нарежьте ломтиками и обжарьте на масле, помидоры очистите от кожицы и семян, сладкий перец очистите, запанируйте их в муке, посолите и обжарьте на масле.

■ Куски цыпленка положите на обжаренные в масле крутоны, а грибы и овощи разложите букетиками вокруг него, залейте соком, образовавшимся при тушении.

утиный паштет

610 ккал

на 8 порций	
мякоть утки	800 г
ветчина нежирная	200 г
шпик	100 г
яйцо	1 шт.
лук репчатый	1 головка
смесь сушеных трав	1 ч. ложка
апельсин	1 шт.
сок 1 апельсина	
соль,перец	

■ Измельчите мякоть (кроме ломтиков грудки). Нарежьте ветчину и шпик,смешайте с измельченным утиным мясом,рубленым луком,яйцом,травами и апельсиновым соком. Взбивайте до получения пышной консистенции.

■ Выложите половину смеси в хорошо смазанную маслом форму. Сверху выложите ломтики грудки и накройте вторым слоем измельченного мяса. Накройте фольгой и поставьте ее в неглубокую посуду, наполовину заполненную горячей водой. Выпекайте в духовке 30 минут.

■ Подавайте холодным на блюде, оформленном дольками апельсина.

курица в зеленом соусе

933 ккал

на 2 порции

курица	400 г
бульон	150 г
листья салата	1 пучок
масло оливковое	40 г
семена подсолнечника очищенные	4 ст. ложки
перец зеленый	1 стручок
соль,зелень	

■ Семена подсолнечника обжарьте и пропустите через мясорубку.

■ Тушку курицы промойте и нарежьте на порционные куски,посолите и обжарьте на масле.

■ Стручки перца,очищенные от зерен,листья салата мелко нарежьте и обжарьте в масле.

■ К курице добавьте бульон, положите семечки, стручки перца и листья салата и тушите до готовности.

■ Подайте курицу вместе с соусом и овощами, оформите зеленью.

рулет из мякоти курицы в фольге

314 ккал

на 8 порций

курица	1 шт.
лук репчатый	1 головка
корень петрушки	1–2 шт.
морковь	1 шт.
яйцо	2 шт.
молоко	50 г
чернослив без косточек	100 г
масло сливочное	20 г
соль,перец молотый,зелень	

■ У тушки курицы сделайте надрез вдоль позвоночника и снимите кожу, отрезав крылья и ножки. Мякоть нарежьте пластинками. Из яиц и молока поджарьте омлет.

■ На кожу уложите мякоть птицы, омлет, распаренный чернослив, посыпьте солью, перцем, зеленью, сверните рулетом, заверните его в фольгу.

■ Рулет опустите в горячую подсоленную воду,добавьте коренья,лук и варите 1–1,5 часа при слабом кипении до готовности.

■ Готовый рулет охладите, снимите фольгу, поместите рулет в холодильник под гнет.

■ При подаче нарежьте поперек ломтиками толщиной 0,5 см, уложите на блюдо веером и оформите веточками зелени.

карбонадо аргентинское 813 ккал

на 2 порции	
мякоть курицы	400 г
бульон	100 г
картофель	200 г
лук репчатый	2 головки
помидоры	2 шт.
масло сливочное	30 г
изюм	30 г
груши	1 шт.
соль,перец	

■ Лук нарежьте полукольцами, помидоры — ломтиками, курицу — кубиками.

■ Подготовленные продукты обжаривайте в масле в течение 5 минут. Затем добавьте бульон, соль,перец и тушите под крышкой около часа. После этого положите картофель, грушу, нарезанные ломтиками,и тушите еще 15 минут.

■ За 5 минут до готовности добавьте изюм без косточек.

■ Подавайте курицу с соусом и овощами.

печень куриная в соусе с мадерой 440 ккал

на 4 порции

печень куриная	400 г
мука	20 г
томат-пюре	80 г
морковь	50 г
лук репчатый	1 головка
сахар	20 г
шампиньоны	40 г
вино мадера	50 г
масло топленое	75 г
зелень петрушки, соль, перец	

■ Обработанную куриную печень ошпарьте кипятком, промойте, разрежьте на кусочки и обжарьте на масле. Добавьте нарезанные ломтиками шампиньоны, соль и жарьте 5 минут.

■ Для соуса муку подсушите при помешивании без изменения цвета, охладите и разведите теплой водой до однородной консистенции, добавьте морковь и лук, обжаренные в масле с томатом-пюре, соль и варите 40 минут. За 10 минут до окончания варки добавьте сахар, перец. Соус процедите, протирая в него разварившиеся овощи, и доведите до кипения. В соус добавьте мадеру, доведите до кипения и заправьте маслом.

■ Переложите на порционную сковороду печень курицы, влейте соус с мадерой, доведите до кипения.

■ При подаче посыпьте зеленью петрушки.

цыпленок с морковью

795 ккал

на 2 порции

цыпленок	400 г
морковь	200 г
бульон	100 г
масло сливочное	50 г
лук репчатый	2 головки
сахар	1 ч. ложка
корень сельдерея	1 шт.
корень петрушки	1 шт.
соль, зелень петрушки	

- Подготовленную тушку цыпленка порубите на порционные куски, посолите, обжарьте на масле.
- Лук мелко нарежьте, обжарьте на масле и добавьте к цыпленку. Залейте бульоном так, чтобы все куски были им покрыты, положите коренья сельдерея и петрушки, нарезанные кружочками, и тушите до готовности.
- Морковь нарежьте кружочками и тушите до готовности с сахаром и маслом.
- Цыпленка уложите на тарелку, вокруг разложите морковь и посыпьте все зеленью.

студень из птицы

658 ккал

на 4 порции	
курица	1 шт.
желатин	15 г
морковь	1 шт.
корень петрушки	1 шт.
лук репчатый	1 головка
яйцо	1 шт.
соль,зелень петрушки	

■ Тушку курицы промойте и нарубите на куски. Залейте водой (1,5 л на 1 кг птицы) и варите при слабом кипении, периодически снимая жир и пену. За 25–30 минут до конца варки добавьте коренья, лук и соль.

■ Замочите желатин в холодной воде до прозрачности крупинок. Отварите яйцо.

■ У готовой птицы снимите мякоть, мелко нарежьте ее, соедините с процеженным бульоном, добавьте желатин и доведите до кипения. Охладите.

■ На дно формы положите ломтики вареного яйца, оформите зеленью, разложите мякоть птицы вместе с желе и поставьте в холодное место.

цыпленок с рисом

905 ккал

на 2 порции

цыпленок	300 г
рис	100 г
масло сливочное	40 г
бекон	100 г
лук репчатый	1 головка
томат-пюре	40 г
вино белое	80 г
сыр	40 г
соль,перец черный	

■ Тушку цыпленка порубите на куски. Бекон нарежьте тонкими ломтиками.

■ Куски цыпленка и бекон обжарьте на масле до золотистой корочки,добавьте мелко нарезанный лук, томат-пюре,размешайте,залейте вином и бульоном, посолите,посыпьте перцем и тушите на слабом огне до полуготовности.

■ Куски цыпленка переложите в жаровню,добавьте промытый рис,посыпьте перцем,залейте соусом, образовавшимся от тушения цыпленка,и тушите в духовке до готовности: рис должен впитать всю жидкость.

■ Отдельно подайте тертый сыр.

цыпленок в желе

585 ккал

на 2 порции

филе цыпленка	2 шт.
масло сливочное	5 г
желатин	1 ст. ложка
бульон куриный	300 г
перец красный маринованный	15 г
огурцы соленые	15 г
соль, зелень	

- Огурцы очистите от кожицы и семян, нарежьте соломкой.
- Филе цыпленка обжарьте в масле до готовности и охладите. Затем оформите перцем и огурцами.
- Приготовьте желе: замочите желатин в холодной кипяченой воде; когда крупинки набухнут, слейте лишнюю воду и соедините с теплым бульоном; доведите до кипения, процедите и охладите.
- Филе залейте готовым желе в три приема и поставьте в холодильник для застудневания.

цыпленок с баклажанами 1119 ккал

на 2 порции	
цыпленок	400 г
баклажаны	300 г
масло сливочное	60 г
бульон	100 г
вино белое	60 г
томат-пюре	40 г
мука	1 ст. ложка
масло оливковое	40 г
помидоры	2 шт.
чеснок	2 дольки
картофель	200 г
соль, зелень петрушки	

- Кусочки цыпленка обжарьте на оливковом масле, залейте белым вином и бульоном, добавьте обжаренный на масле томат-пюре, чтобы получить соус розового цвета, посолите и тушите до мягкости, в конце тушения положите зелень.
- Баклажаны очистите, нарежьте кружочками, посолите, запанируйте в муке и пожарьте. Обжарьте мелко нарезанные помидоры, добавьте чеснок. Картофель, сформованный выемкой в виде шариков, обжарьте во фритюре.
- Обжаренные куски цыпленка полейте соусом, в котором они тушились. Баклажаны разложите вокруг мяса, на них положите обжаренные помидоры, с обеих сторон разложите картофель. Отдельно подайте салат из сырых овощей.

крем-желе из цыпленка 455 ккал

на 4 порции	
мякоть вареного цыпленка	500 г
ветчина нежирная	100 г
желатин	1 ст. ложка
сливки жирные	½ стакана
редис	8 шт.
спаржа консервированная	1 банка
листовой салат	1 пучок
сок ½ лимона	
соль,перец	

■ Мелко порубите мякоть цыпленка, посолите и поперчите. Добавьте нарезанную мелкими кубиками ветчину и перемешайте.

■ Приготовьте желе: желатин залейте стаканом кипяченой воды, выдержите 40–60 минут, нагревайте,не доводя до кипения,при непрерывном помешивании до растворения.

■ Взбейте сливки до загустения.

■ Смешайте желе с мясной смесью, остудите и, когда оно почти застынет, добавьте сливки, лимонный сок и перемешайте. Разложите смесь в формы и дайте ей застыть.

■ Перед подачей опустите форму на несколько секунд в горячую воду и выньте крем-желе. Оформите спаржей,редисом и салатом.

цыпленок по-индийски

530 ккал

на 2 порции

цыпленок	1 шт. (300 г)
масло сливочное	30 г
бульон	100 г
лук репчатый	1 головка
мука	1 ч. ложка
карри	1 щепотка
яблоки сладкие	1 шт.
соль	

■ Тушку цыпленка порубите на порционные куски, посолите и слегка обжарьте в масле до золотистой корочки.

■ Для соуса муку подсушите без масла, периодически помешивая, до запаха каленого ореха. Лук мелко нарежьте, обжарьте на масле, добавьте муку, карри, слегка охладите, влейте бульон, посолите, перемешайте.

■ Этим соусом залейте цыпленка, положите очищенные и нарезанные ломтиками яблоки и тушите до готовности.

■ Готовое мясо переложите на блюдо и полейте протертым вместе с яблоками соусом. Этот соус должен быть ровным и не очень густым. Гарнир – отварные рис или картофель.

шашлык из гусиной печени

359 ккал

на 2 порции

печень гусиная	250 г
шпик или грудинка копченая	40 г
лук репчатый	1 головка
жир	10 г
соль,перец,зелень	

- Подготовленную печень нарежьте кусочками, шпик -- тонкими ломтиками, лук — дольками. Нанижите на шпажку вперемежку печень, лук и шпик.
- Обжарьте над углями или на сковороде в сильно разогретом жире равномерно со всех сторон. Перед окончанием жаренья поперчите и посолите.
- На подогретую тарелку уложите шпажки с готовым шашлыком,оформите зеленью.

бенгальское карри

783 ккал

на 2 порции

цыпленок	1 шт.
масло сливочное	60 г
лук репчатый	2 головки
чеснок	2 дольки
томат-пюре	30 г
молоко	100 г
карри	1 щепотка
соль	

■ Промытую тушку цыпленка отваривайте с добавлением соли в течение 20 минут, затем остудите и нарежьте на маленькие кусочки.

■ Лук нарежьте полукольцами и обжарьте в масле до золотистого цвета, добавьте часть томата-пюре и спассеруйте все вместе.

■ В кастрюле разогрейте масло, добавьте лук и чеснок, кусочки мяса, бульон, карри, томат-пюре, молоко, соль и тушите 35 минут, периодически помешивая.

■ На гарнир подайте припущенный рис.

желе с индейкой

458 ккал

на 4 порции

грудка индейки вареная	500 г
паштет печеночный	100 г
мандарины консервированные	1 мал. банка
огурцы	1 шт.
желатин	1 ст. ложка
веточки зелени	

■ Нарежьте грудку индейки на тоненькие ломтики.

■ Смажьте каждый ломтик печеночным паштетом.

■ Выложите часть мандаринов и ломтиков индейки на дно неглубокого противня.

■ Приготовьте желе (как в рецепте на с. 31).

■ Полейте индейку с мандаринами сверху небольшим количеством охлажденного желе и оставьте на несколько минут, чтобы желе застыло.

■ Вылейте остаток желе,смешанного с оставшимся мясом индейки и мандаринами. Оставьте желе застывать.

■ Выложите готовое желе на блюдо. Оформите дольками огурца и зеленью.

плов с курицей и свининой 993 ккал

на 4 порции

курица	500 г
свинина (окорок)	250 г
рис	200 г
бульон	600 г
томат-пюре	80 г
масло растительное	80 г
зеленый горошек консервированный	200 г
лук репчатый	2 головки
перец красный маринованный	400 г
соль,зелень,специи	

- Лук мелко порубите.
- Перебранный и промытый рис обжарьте на части масла, добавьте лук и обжарьте все вместе.
- Свинину нарежьте мелкими кубиками,обжарьте с томатом-пюре. Тушку курицы нарубите по три куска на порцию и обжарьте на масле.
- На порционную сковороду положите свинину и курицу, затем рис, залейте бульоном и тушите на слабом огне. За 10 минут до готовности добавьте зеленый горошек, нарезанный перец и специи.
- При подаче посыпьте зеленью.

цыплята под майонезом

626 ккал

на 4 порции

холодная мякоть вареного цыпленка	500 г
лук зеленый	1 пучок
майонез	1 стакан
помидоры	2 шт.
листья салата	1 пучок
паприка	1 ч. ложка
веточки зелени петрушки	

- Нарежьте мякоть цыпленка на порционные кусочки. Порежьте лук кубиками, посыпьте частью лука половину порции цыпленка и полейте половиной майонеза.
- Сверху поместите другую половину цыпленка с луком и полейте оставшимся майонезом.
- Разложите вокруг цыпленка дольки помидора. Посыпьте сверху паприкой.
- Оформите зеленью петрушки, листьями салата.

курица, тушенная в томате

498 ккал

на 2 порции

курица	300 г
масло топленое	20 г
томат-пюре	2 ст. ложки
масло сливочное	10 г
соль	

■ Томат-пюре спассеруйте на сливочном масле при помешивании.

■ Тушку курицы нарежьте на порционные куски и обжарьте на топленом масле, после чего заправьте томатом-пюре, добавьте немного воды, соль и тушите под крышкой до готовности.

■ Готовую курицу выложите на сухой противень и подсушите в духовке до образования золотистой корочки.

■ На гарнир подайте отварные макароны, заправленные соусом, в котором тушилась курица.

заливное с цыплятами

486 ккал

на 6 порций

цыплята небольшие	2 шт.
кубик бульонный куриный	1 шт.
вода	2 стакана
желатин	1 ст. ложка
майонез	1 стакан
оливки фаршированные	10 шт.
листья салата	1 пучок

- Разделите тушки цыплят на шесть частей, залейте горячей водой, добавьте бульонный кубик, доведите до кипения, накройте крышкой и варите на слабом огне 30 минут. Выложите, охладите и удалите кожицу. Уложите кусочки на блюдо.
- Приготовьте желе (как в рецепте на с. 31).
- Желе остудите и смешайте с майонезом.
- На каждый кусок цыпленка выложите по 1 столовой ложке желе. Подождите, пока желе застынет, затем еще раз залейте желе.
- Оформите листьями салата, дольками или кружочками оливок.

жареная утка с сельдереем

1721 ккал

на 4 порции

утка	1 шт. (1,5 кг)
масло сливочное	3 ст. ложки
масло растительное	2 ст. ложки
корень сельдерея	1 шт.
бульон	1 стакан
красные консервированные вишни	200 г
листовой салат	1 пучок
соль, перец	

■ Тушку утки поделите на порции, посолите, поперчите. Растопите сливочное масло, добавьте растительное и слегка нагрейте. Обжаривайте утку, переворачивая, до золотистой корочки.

■ Очистите сельдерей, удалите листья. Разрежьте на брусочки и поджарьте в остатке жира.

■ Положите утку в жаровню, добавьте сельдерей, бульон, посолите и поперчите, накройте крышкой и тушите в духовке до готовности (примерно 1,5 часа).

■ Добавьте вишни и жарьте утку еще 10 минут на верхней полке духовки, без крышки.

■ Когда утка будет готова, удалите излишки жара из бульона и уваривайте на сильном огне в течение 10 минут.

■ При подаче полейте утку бульоном. Оформите салатом. Подавайте с вишней и сельдереем.

супы

курица по-мингрельски

406 ккал

на 2 порции

курица	310 г
масло топленое	30 г
орехи грецкие	70 г
лук репчатый	75 г
яичный желток	2 шт.
уксус винный	1 ст. ложка
зелень мяты рубленая	2 ч. ложки

■ Тушку курицы разрубите на порционные куски и обжарьте на масле до золотистого цвета.

■ Добавьте к курице нашинкованный соломкой репчатый лук,обжарьте все вместе,влейте немного воды. Затем положите толченые орехи,зелень мяты, посолите и тушите до готовности.

■ Яичные желтки разведите винным уксусом, помешивая, соедините с тушеной курицей и снимите с огня.

■ Подавайте с гарниром из овощей или макаронных изделий.

борщ полтавский 610 ккал

на 2 порции	
гусь или курица	100–150 г
бульон	700 г
картофель	1 шт.
капуста	40 г
свекла	120 г
лук репчатый	40 г
морковь	30 г
корень петрушки	20 г
жир свиной	10 г
шпик	15 г
квас свекольный или разведенный лимонной кислотой бульон	80 г
томат-паста	30 г
сметана	20 г
сахар,соль,специи,зелень укропа	
для галушек:	
мука пшеничная	60 г
яйцо	½ шт.
вода или бульон	90 г
соль	

■ Мясо птицы сварите,нарежьте на кусочки,бульон процедите.

■ Картофель нарежьте кубиками,капусту — шашками,свеклу,лук,коренья — соломкой. Свеклу потушите до готовности с квасом. Морковь,лук,коренья спассеруйте на жире с добавлением томата.

■ В кипящий бульон положите картофель и капусту. Через 10–15 минут введите свеклу,спассерованные коренья,толченный с укропом шпик,сахар, соль,специи. До подачи к столу борщ должен настаиваться 15–20 минут.

■ Для галушек в кипящую воду засыпьте ½ подсушенной муки и прогрейте,размешивая; снимите с огня,охладите. Добавьте оставшуюся муку,яйца, соль и замесите некрутое тесто. Раскатайте пласт толщиной 4–5 мм,нарежьте квадратики и сварите их в подсоленной воде.

■ При подаче в тарелку положите галушки,кусочки птицы,залейте борщом,заправьте сметаной, посыпьте рубленой зеленью.

цыпленок с сухофруктами 326 ккал

на 2 порции	
цыпленок	1 шт.
масло топленое	30 г
изюм	50 г
чернослив без косточек	30 г
лук репчатый	1 головка
сметана	5 г
зелень петрушки	10 г

■ Лук нашинкуйте соломкой. Сухофрукты промойте и замочите для набухания.

■ Промытую тушку цыпленка посолите, смажьте сметаной и обжарьте на масле со всех сторон до золотистой корочки. Затем разрубите на две или четыре части, добавьте поджаренный лук, изюм, чернослив, влейте немного горячей воды и тушите до готовности.

■ Цыпленка подайте с соусом и фруктами, с которыми он тушился, посыпьте зеленью.

рассольник с курицей

360 ккал

на 8 порций

курица	800 г
морковь	2 шт.
лук репчатый	2 головки
корень петрушки	1 шт.
корень сельдерея	1 шт.
картофель	4–6 шт.
огурцы соленые без кожицы и семян	2 шт.
рассол огуречный	1 стакан
масло топленое	1–2 ст. ложки
сметана	4 ст. ложки
перец	5–6 горошин
соль, лавровый лист, зелень	

- Тушку курицы залейте водой и варите до готовности с добавлением соли.
- Спассеруйте на масле коренья и лук, нарезанные соломкой. Припустите огурцы, нарезанные ломтиками, в воде до готовности.
- Курицу выньте, бульон процедите.
- В кипящий бульон положите коренья, лук, брусочки картофеля и варите 15 минут, добавьте огурцы, лавровый лист, перец, прокипяченный, процеженный огуречный рассол и варите рассольник до готовности.
- Курицу разрежьте на несколько частей, положите в тарелки, налейте рассольник, заправьте его сметаной и посыпьте рубленой зеленью.

борани из цыпленка со стручковой фасолью 439 ккал

на 2 порции	
цыпленок	1 шт.
стручки фасоли	200 г
масло топленое	30 г
лук репчатый	1 головка
соль,зелень	

■ Очистите лук,нарежьте полукольцами и обжарьте на масле без изменения цвета.

■ Стручки фасоли переберите, очистите от прожилок,нарежьте кусочками,добавьте немного воды, масло и припустите на небольшом огне,после чего добавьте лук.

■ Промойте тушку цыпленка, посолите, пожарьте в масле с обеих сторон, разрубите на небольшие куски,соедините с фасолью и тушите под крышкой до готовности.

■ Подавайте борани на блюде,оформив веточками зелени.

суп овощной по-молдавски 682 ккал

на 2 порции

курица	300 г
вода	1 л
капуста	80 г
картофель	2 шт.
шампиньоны	100 г
морковь	40 г
лук репчатый	1 головка
маргарин	40 г
лимон	2 ломтика
квас	100 г
сметана	45 г
соль,перец,зелень	

■ Промойте тушку курицы, залейте холодной водой,доведите до кипения,снимите пену и варите на слабом огне 1 час с добавлением соли.

■ Картофель нарежьте кубиками, капусту нашинкуйте соломкой, на маргарине спассеруйте нарезанные соломкой морковь и лук. Шампиньоны нарежьте ломтиками.

■ В готовый куриный бульон последовательно положите картофель, капусту, пассерованные овощи, грибы и варите до готовности. В конце варки добавьте соль,перец и прокипяченный квас. Готовый суп заправьте сметаной.

■ При подаче в тарелки положите кусочки курицы, налейте суп, положите по ломтику лимона и посыпьте мелко рубленной зеленью.

джуджа-рис с цыпленком 213 ккал

на 2 порции

цыпленок	1 шт.
рис	100 г
масло топленое	40 г
изюм	20 г
абрикосы сушеные	20 г
соль,шафран	

■ Промытую тушку цыпленка разрубите на половинки, посолите и обжарьте в масле до золотистой корочки. Затем на 5 минут поместите в духовку.

■ Отварите рис,часть которого окрасьте шафраном и полейте маслом.

■ Промойте изюм,сушеные абрикосы и припустите их в масле.

■ При подаче на тарелку положите готовый рис, сверху поместите жареных цыплят с припущенными фруктами и полейте все маслом.

суп из куриных потрохов 858 ккал

на 2 порции	
потроха куриные	250 г
бульон куриный	1 л
корень петрушки	30 г
лук репчатый	1 головка
шампиньоны	200 г
морковь	40 г
зеленый горошек	80 г
мука	30 г
масло сливочное	40 г
сливки 20%-й жирности	25 г
соль,перец,зелень	

■ В бульон заложите обработанные и промытые куриные потроха, нарезанные кубиками, и варите до готовности. Печенку варите отдельно.

■ Для соуса муку подсушите при помешивании до появления запаха каленого ореха, охладите и разведите теплой водой или бульоном до однородной консистенции. Проварите в течение 5–7 минут и влейте сливки.

■ За 15 минут до окончания варки в бульон добавьте нарезанные кубиками и пассерованные на масле коренья и лук, зеленый горошек, ломтики шампиньонов, соль, перец и заправьте соусом со сливками. При подаче посыпьте руб-леной зеленью.

аришта-плов

327 ккал

на 4 порции

курица	1 шт.
рис	100 г
лук репчатый	1 головка
масло топленое	30 г
для аришты:	
мука пшеничная	30 г
яйцо	1 шт.
вода	1 ч. ложка
соль	

■ Лук нашинкуйте соломкой и спассеруйте без изменения цвета на масле.

■ Тушку курицы промойте, порежьте на порционные куски, посолите и обжарьте в масле, добавьте лук, немного бульона и тушите до готовности.

■ Из муки, воды и яиц с добавлением соли замесите крутое тесто для лапши (аришта), слегка подсушите и нарежьте соломкой. Затем лапшу отварите в подсоленной воде и откиньте на дуршлаг.

■ Рис отварите отдельно, смешайте его с лапшой и полейте маслом.

■ При подаче на тарелку положите лапшу и рис, сверху положите курицу и полейте маслом.

суп из курицы и лука-порея 723 ккал

на 2 порции

курица	400 г
лук-порей	80 г
масло сливочное	20 г
бульон куриный	600 г
соль,перец,зелень петрушки	

■ Промойте тушку курицы, порубите на куски. Лук-порей нарежьте кольцами. Разогрейте сливочное масло, положите слегка подсоленные и поперченные куски курицы, лук и все вместе обжарьте.

■ Бульон доведите до кипения, заложите в него обжаренные куски курицы и лук-порей, веточку петрушки и варите до готовности мяса. Затем кусочки курицы выньте из бульона,удалите косточки, из бульона уберите петрушку. Мякоть курицы порубите,снова положите в суп и доведите до кипения, заправьте солью и перцем.

лазанья с курицей

1255 ккал

на 6 порций

курица	1500 г
вино белое сухое	300 г
лук репчатый	1 головка
лазанья	200 г
зелень петрушки рубленая	400 г
масло сливочное	150 г
чеснок рубленый	1 зубчик
мука	90 г
сливки	280 г
сыр «Чеддер» тертый	50 г
сыр «Гауда» тертый	175 г
сыр «Пармезан» тертый	4 ст. ложки
орехи грецкие рубленые	3 ст. ложки
соль, перец	

■ Тушку курицы нарежьте кусочками и припустите с небольшим количеством воды, половиной нормы вина, солью и луком. Охладите, отделите мякоть и нарежьте ее соломкой.

■ Сварите листы лазаньи в подсоленной воде, откиньте на дуршлаг.

■ Для соуса зелень обжарьте на масле вместе с чесноком, добавьте муку и, помешивая, обжарьте все вместе. Слегка охладите, разведите литром бульона, оставшегося от припускания курицы, и вином, проварите в течение 5 минут, добавьте 125 г сыра «Гауда», сыр «Чеддер», сливки, соль и перец. Размешайте.

■ В форму налейте немного соуса, выложите слой лазаньи, часть курицы, сыра «Пармезан», соуса, накройте лазаньей и вновь повторите все операции, чтобы получилось 3–4 слоя. Сверху смажьте соусом, посыпьте оставшимся сыром и орехами. Запекайте в духовке 25 минут при 220 °С.

суп по-румынски

388 ккал

на 2 порции	
мякоть курицы	150 г
вода	600 г
картофель	2 шт.
морковь	40 г
корень петрушки	20 г
мука пшеничная	10 г
масло сливочное	20 г
уксус 3%-й	1 ч. ложка
сметана	40 г
соль,перец красный,зелень	

■ Мякоть курицы залейте водой и варите до готовности с добавлением соли. Мякоть выньте,бульон процедите.

■ Муку подсушите при помешивании до появления запаха каленого ореха, слегка охладите и разведите небольшим количеством бульона.

■ Морковь, лук, петрушку нарежьте соломкой и слегка спассеруйте на масле,затем добавьте уксус или лимонную кислоту и прогрейте.

■ В кипящий бульон положите нарезанный брусочками картофель и варите до полуготовности. После этого заправьте кореньями и луком, мукой, перцем,солью и проварите 5 минут.

■ Подавайте с кусочками курицы и мелко рубленной зеленью.

печень гусиная по-трансильвански 408 ккал

на 2 порции

печень гусиная	250 г
жир гусиный	30 г
сметана	60 г
мука	1 ч. ложка
лук репчатый	1 головка
корень петрушки	1 шт.
соль,перец	

- Гусиную печень промойте,посолите и дайте полежать 20 минут.
- Муку обжарьте без жира до светло-коричневого цвета при помешивании.
- Петрушку нарежьте соломкой, лук – кольцами, положите в жаровню. Сверху положите печень,жир, поперчите. Добавьте немного воды,накройте крышкой и поставьте в духовку на 20 минут.
- Залейте печень сметаной, смешанной с пассерованной мукой, и тушите еще 15 минут, но без крышки.
- При подаче печень уложите на тарелку вместе с соусом, а сбоку разместите гарнир – фасоль и отварные овощи.

похлебка куриная

472 ккал

на 2 порции

мякоть курицы	150 г
вода	600 г
картофель	2 шт.
грибы белые сушеные	40 г
морковь	30 г
лук репчатый	1 головка
корень петрушки	10 г
масло сливочное	40 г
томат-паста	20 г
соль,сметана,зелень	

- Грибы замочите в холодной воде,затем сварите в этой же воде.
- Мякоть курицы промойте, отварите до полуготовности, нарежьте кусочками и положите в глиняный горшочек вместе с нарезанными кубиками картофелем и грибами,с нарезанными кубиками пассерованными на масле кореньями и луком.
- Залейте куриным бульоном с добавлением грибного отвара,прогрейте в духовке 20 минут.
- Заправьте томатом,обжаренным с маслом, посолите и проварите еще 3–5 минут. При подаче положите сметану и рубленую зелень.

паприкаш из цыпленка

1136 ккал

на 1 порцию	
цыпленок	260 г
лук репчатый	1 головка
чеснок	1 долька
паприка	1 щепотка
мука	1 ч. ложка
сметана	50 г
масло топленое	20 г
сливки	50 г
лечо или перец сладкий зеленый	20 г
помидоры	20 г
соль	

■ Тушку цыпленка промойте и разрубите на порционные куски.

■ Лук нарежьте кольцами, слегка спассеруйте в разогретом масле, затем положите цыпленка, посолите, добавьте паприку, нарезанные ломтиками помидоры и перец или готовое лечо, по желанию можно добавить чеснок, накройте крышкой и тушите, помешивая.

■ Муку подсушите при непрерывном помешивании до запаха каленого ореха.

■ Сметану смешайте с мукой, добавьте немного воды, размешайте, процедите и добавьте к цыпленку. Тушите до готовности.

■ Перед подачей добавьте сливки и дайте еще раз вскипеть. На гарнир подайте вареную цветную капусту.

чорбэ с курицей

492 ккал

на 4 порции

курица	500 г
вода	1 л
морковь	50 г
лук репчатый	1 головка
яйцо	1 шт.
рис	½ стакана
масло сливочное	30 г
сметана	25 г
лимонная кислота	1 ч. ложка
соль,зелень	

- Залейте тушку курицы холодной водой,доведите до кипения,снимите пену и варите на слабом огне 1–1,5 часа. Бульон процедите.
- Морковь и лук нарежьте соломкой и спассеруйте на масле без изменения цвета.
- В кипящий бульон засыпьте промытый рис,варите до полуготовности. После этого заправьте пассерованными овощами,за 5 минут до конца варки добавьте соль,лимонную кислоту. Заправьте яйцом, сметаной.
- При подаче посыпьте рубленой зеленью.

перкельт из птицы

620 ккал

на 2 порции	
мякоть курицы	300 г
жир	40 г
лук репчатый	2 головки
томат-пюре	30 г
паприка	1 щепотка
чеснок	1 долька
лечо	100 г
тмин	1 щепотка
соль,перец красный	

■ Мякоть курицы промойте, нарежьте на кусочки.

■ Для соуса лук нашинкуйте, спассеруйте до золотистого цвета, добавьте перец, измельченный чеснок и томат-пюре, перемешайте, добавьте немного воды и тушите несколько минут.

■ В соус положите кусочки курицы, посолите, приправьте тмином, накройте крышкой и тушите, помешивая, затем добавьте немного воды.

■ Перед окончанием тушения добавьте лечо и доведите до готовности. Соус должен едва покрывать потроха.

■ На гарнир подайте гренки.

суп-лапша с курицей

374 ккал

на 4 порции

курица	300 г
вода	1,6 л
морковь	50 г
корень петрушки	20 г
лук репчатый	1 головка
масло сливочное	40 г
специи, зелень	
для лапши:	
мука	100 г
яйцо	1 шт.
соль	1 ч. ложка

■ Тушку курицы промойте, залейте холодной водой, доведите до кипения, снимите пену и варите на слабом огне до готовности.

■ Для лапши просейте муку и высыпьте на стол горкой, сделайте в ней углубление, вылейте в него яйцо, воду, всыпьте соль, замесите крутое тесто. Раскатайте тонкий пласт, разрежьте его на полоски шириной 4–5 см, сложите их одна на другую и нарежьте соломкой, затем разложите лапшу тонким слоем и подсушите.

■ Коренья и лук нарежьте соломкой, спассеруйте и положите в кипящий бульон, вскипятите. Засыпьте лапшу, предварительно отсеяв муку через сито. В конце варки добавьте соль, специи.

■ При подаче в тарелку положите курицу, залейте супом и посыпьте рубленой зеленью.

жаркое по-домашнему

574 ккал

на 2 порции

мякоть курицы	300 г
или гуся	350 г
жир	10 г
бульон	1 стакан
томат-пюре	1 ст. ложка
картофель	250 г
морковь	30 г
лук репчатый	40 г
соль, лавровый лист	

■ Мясо птицы нарежьте кусочками, посолите, обжарьте с добавлением томата-пюре и тушите до полуготовности, залив бульоном.

■ Картофель нарежьте крупными кубиками, посолите и обжарьте.

■ Морковь нарежьте ломтиками, жарьте на масле почти до готовности, затем смешайте с картофелем, добавьте рубленый лук. В сотейник слоями уложите овощную смесь и мясо, залейте бульоном и тушите до готовности. В конце тушения добавьте лавровый лист.

■ При подаче полейте соусом, в котором тушилась птица, гарнируйте тушеными овощами.

суп «уйхази» 433 ккал

на 4 порции

мякоть курицы	400 г
вода	1 л
морковь	50 г
корень петрушки	20 г
корень сельдерея	15 г
лук	1 головка
чеснок	2 зубчика
шампиньоны	100 г
томат-пюре	40 г
масло сливочное	2 ст. ложки
перец красный и черный горошком	
соль	
зелень петрушки	
для теста:	
мука	100 г
яйцо	1 шт.
соль	

■ Мякоть курицы положите в холодную воду, доведите до кипения, снимите пену и продолжайте варить 1 час на слабом огне.

■ Затем добавьте красный и черный перец, соль, нарезанные соломкой и обжаренные на масле коренья, лук, грибы, спассерованный на масле томат-пюре и варите до готовности. После этого процедите бульон.

■ Из муки и яиц с добавлением соли замесите тесто, тонко раскатайте, нарежьте мелкую лапшу и подсушите ее.

■ Мякоть птицы нарежьте небольшими кусочками. Сваренные коренья, лук и грибы нарежьте соломкой. Птицу, коренья, лук, грибы и лапшу залейте бульоном, добавьте чеснок и доведите до кипения. При подаче посыпьте рубленой зеленью.

утка с луком

998 ккал

на 8 порций

утка	1 шт.
лук репчатый (мелкий)	1 кг
жир свиной	150 г
вино столовое белое	100 г
мука	25 г
соль,перец черный молотый	

■ Обработанную тушку посыпьте солью, перцем и обжарьте в жаровне до золотистой корочки. Добавьте немного горячей воды, вино и тушите.

■ Муку подсушите,помешивая,до запаха каленого ореха.

■ В конце тушения утки введите головки лука, а затем пассерованную муку, разведенную теплой водой,и тушите до готовности.

■ Готовую утку поместите на блюдо. Гарнируйте головками лука и залейте соусом,образовавшимся при тушении.

суп из курицы с орехами

593 ккал

на 4 порции

курица	500 г
вода	1,5 л
масло сливочное	1 ст. ложка
лук репчатый	1 головка
лук зеленый	40 г
орехи грецкие	140 г
уксус винный	1 ст. ложка
зелень петрушки	40 г
соль,корица	

- Приготовьте бульон из курицы. Готовую курицу поделите на кусочки,бульон процедите.
- Нарежьте репчатый лук мелкими кубиками и спассеруйте на масле до золотистого цвета.
- В куриный бульон положите толченые орехи, корицу, уксус, рубленую зелень петрушки и вскипятите.
- Подавайте с кусочками птицы,посыпав зеленым луком.

крылышки,шейки в белом соусе 738 ккал

на 2 порции	
крылышки,шейки	300 г
лук репчатый	1 головка
морковь	1 шт.
корень петрушки	1 шт.
маргарин	45 г
для соуса:	
мука	50 г
масло сливочное	20 г
маргарин	20 г
корень петрушки	30 г
лук репчатый	1 головка
лимонная кислота	1 г
соль,зелень	

■ Крылышки и шейки тушек домашней птицы порубите кусочками, залейте горячей водой, доведите до кипения.

■ Нашинкуйте соломкой морковь, лук и корень петрушки,спассеруйте на маргарине.

■ Сняв пену,положите в бульон лук,петрушку,морковь и соль. Доведите до готовности под крышкой и оставьте на краю плиты.

■ Просеянную муку высыпьте в нагретый жир и прожарьте на слабом огне до бледно-кремового цвета. Слегка охладив,разведите небольшим количеством бульона. Размешайте, чтобы не было комочков, постепенно добавляя оставшийся бульон. Положите пассерованные овощи. Проварив 25–30 минут, введите лимонную кислоту, соль, затем процедите,протрите разварившиеся овощи,прокипятите и заправьте маслом.

■ Подавайте крылышки и шейки с рассыпчатой кашей, полив соусом и оформив зеленью.

суп-пюре из индейки

1150 ккал

на 4 порции

индейка	1 кг
лук репчатый	1 головка
морковь	1 шт.
корень сельдерея	2 шт.
мука	150 г
масло сливочное	120 г
яичный желток	1 шт.
сливки	¾ стакана
или молоко	1¾ стакана
соль, сахар, зелень	

■ Тушку индейки промойте, залейте холодной водой, доведите до кипения, снимите пену, добавьте лук и коренья и варите на слабом огне 1–1,5 часа.

■ Мякоть отделите от костей, несколько раз пропустите через мясорубку и, добавив немного бульона, протрите через сито. В пюре введите желток, сливки и часть масла, тщательно перемешайте.

■ Для соуса муку спассеруйте с маслом, слегка охладите, соедините с бульоном, проварите 10 минут, помешивая, и процедите.

■ В соус введите протертую индейку, проварите 10–15 минут, добавьте по вкусу соль и сахар.

■ При подаче в суп положите кусочек масла, веточку зелени. Отдельно можно подать гренки.

цыпленок в сметане
547 ккал

на 2 порции

цыпленок	1 шт.
масло сливочное	30 г
сметана	50 г
соль,зелень укропа и петрушки	

■ Тушку промойте,разрубите пополам,посолите внутри и снаружи,смажьте со всех сторон сметаной и обжарьте на масле до золотистой корочки.

■ В сотейник влейте оставшееся на сковороде масло,положите куски цыпленка и влейте оставшуюся сметану. Тушите до готовности на слабом огне. За 5 минут до конца тушения заправьте рубленым укропом.

■ При подаче цыпленка гарнируйте припущенными овощами. Оформите зеленью петрушки.

суп-пюре по-французски 398 ккал

на 4 порции	
мякоть курицы	400 г
петрушка	40 г
морковь	50 г
лук репчатый	1 головка
мука пшеничная	2 ч. ложки
масло сливочное	2 ст. ложки
сливки	½ стакана
яичный желток	1 шт.
помидоры	1 шт.
шпинат	40 г
спаржа	40 г
соль	

■ Залейте водой мякоть курицы,варите до готовности с добавлением соли,кореньев и лука.

■ Мякоть пропустите через мясорубку и протрите через сито.

■ Приготовьте белый соус (как в рецепте на с. 49).

■ Пюре соедините с соусом,бульоном.

■ Очистите спаржу,свяжите в пучки и отварите в подсоленной воде до готовности.

■ В готовый суп положите нарезанный соломкой шпинат,дольки помидора без кожицы,головки отварной спаржи и доведите до кипения.

■ При подаче суп заправьте льезоном (сливки взбейте с желтком и прогрейте на водяной бане) и маслом. Отдельно к блюду подайте гренки.

курица по-английски

472 ккал

на 6 порций	
курица	1 шт. (800–1300 г)
масло сливочное	100 г
грибы	200 г
лук репчатый	60 г
перец сладкий	60 г
молоко	500 г
крахмал	10 г
соль	

- Промойте тушку, разрубите на порции, посолите и обжарьте на сливочном масле.
- Грибы мелко порубите, лук и перец нарежьте кольцами.
- В курицу добавьте нарезанные грибы и овощи, залейте молоком и тушите до готовности.
- Птицу выньте, в соус влейте крахмал, разведенный молоком, и прокипятите.
- Подавайте птицу под соусом.

бульон куриный с лапшой

651 ккал

на 4 порции

курица	1 шт.
вода	1,5 л
морковь	80 г
лук репчатый	1 головка
зеленый горошек	4 ст. ложки
зелень	
лапша	30 г
соль	

- Тушку курицы промойте, залейте холодной водой, доведите до кипения, снимите пену, добавьте коренья и варите на слабом огне до готовности, процедите.
- Добавьте в бульон соль, зеленый горошек и проварите в течение 5 минут.
- При подаче положите сваренную отдельно и промытую лапшу, кусочки курицы и рубленую зелень.

курица в сливках с изюмом 492 ккал

на 4 порции

курица	1 шт.
бульон	100 г
мука	20 г
масло сливочное	50 г
коньяк	20 г
сливки или сметана	200 г
изюм	50 г
хлеб пшеничный	200 г
перец,соль	

■ Промойте тушку курицы, разрежьте на две части, слегка расплющите тяпкой, посолите, посыпьте перцем, запанируйте в муке и быстро обжарьте в сотейнике с маслом. Затем куски курицы облейте коньяком, закройте посуду крышкой и через минуту добавьте бульон, сливки, изюм и тушите в закрытой посуде на слабом огне 5–6 минут.

■ При подаче курицу положите на блюдо или тарелку. Гарнируйте гренками из пшеничного хлеба, нарезанными ломтиками и поджаренными в масле; полейте соусом с изюмом, в котором тушилась курица.

основные блюда

чахохбили из кур

991 ккал

на 4 порции

курица или цыпленок	1,3 кг
лук репчатый	500 г
жир	60 г
помидоры	4–5 шт.
уксус винный или сок лимонный	1 ч. ложка
чеснок	2–4 зубчика
соль,перец горошком, кинза,зелень мяты и укропа	

■ Тушку курицы порубите на кусочки и обжарьте в жире до образования корочки.

■ Отдельно обжарьте нарезанный кольцами лук.

■ К кусочкам курицы добавьте лук,очищенные от кожицы и нарезанные дольками помидоры,уксус или сок,измельченный чеснок,перец,соль,рубленую зелень. Снова закройте крышкой и тушите до готовности.

■ При подаче на блюдо положите горкой чахохбили,залейте соусом,в котором тушилась курица, и посыпьте зеленью. Подавайте с картофельным пюре.

сациви

738 ккал

на 8 порций

курица	1 шт.
для соуса:	
бульон куриный	2 стакана
масло топленое	70 г
орехи грецкие толченые	1 стакан
лук репчатый	4 головки
мука	2 ст. ложки
яичные желтки	5 шт.
чеснок	5–7 долек
уксус винный	⅓ стакана
гвоздика	5–6 бутонов
корица,перец красный молотый	на кончике ножа
кинза	1 пучок
хмели-сунели	⅕ ч. ложки

- Мясо птицы отварите до готовности,охладите и разрубите на порции и прогрейте в бульоне.
- Измельченный лук спассеруйте с маслом,добавьте муку и пассеруйте несколько минут,помешивая, слегка охладите. В эту массу постепенно влейте горячий процеженный бульон и варите 10–15 минут.
- Для соуса к ядрам грецких орехов добавьте толченый чеснок, пряности, рубленую кинзу, соль, яичные желтки, уксус. Разотрите массу, нагрейте,не доводя до кипения. Готовый соус охладите.
- Кусочки курицы залейте соусом сациви.

куриная печень по-индонезийски 503 ккал

на 2 порции	
печень куриная	300 г
лук репчатый	4 головки
перец сладкий	1 шт.
масло растительное	40 г
сливки	100 г
соль, перец молотый	

- Мелко нарезанный лук смешайте с нарезанным сладким перцем и обжарьте на масле.
- Печень мелко нарежьте, соедините с овощами и жарьте все вместе, непрерывно помешивая.
- Блюдо посыпьте солью и молотым перцем, добавьте сливки и прогрейте в течение 5 минут.
- Подавайте с припущенным рисом.

курица с овощами в молочном соусе 546 ккал

на 4 порции

курица	1 шт.
морковь	120 г
горошек свежий	200 г
стебли сельдерея салатного	20 г
корень сельдерея	15 г
молоко	500 г
масло сливочное	30 г
мука	25 г
соль, зелень	

■ Промойте тушку, залейте водой и варите с добавлением соли, моркови, нарезанной кубиками, и с корнем сельдерея. Птицу выньте, нарежьте на порции и прогрейте в этом же бульоне.

■ Для соуса муку спассеруйте на масле без изменения цвета, слегка охладите. Разведите теплым молоком, посолите и проварите до загустения.

■ Отдельно отварите в подсоленной воде зеленый горошек и стебли сельдерея, нарезанные кубиками.

■ При подаче птицу загарнируйте овощами, полейте соусом и оформите зеленью.

цыпленок,жаренный по-кубински 702 ккал

на 4 порции

цыплята	2 шт.
чеснок	4 дольки
лук репчатый	1 головка
бульон	200 г
масло топленое	80 г
сок 1 лимона	
соль,перец,зелень	

■ Промойте тушки цыплят,порубите на порционные куски,посыпьте солью и перцем.

■ На масле обжарьте мелко нарезанный лук, добавьте цыпленка и обжаривайте его в духовке до полуготовности. Затем добавьте мелко нарезанный чеснок, лимонный сок, бульон, закройте крышкой и доведите до готовности.

■ При подаче полейте цыпленка соусом,в котором он тушился. На гарнир можно подать припущенный рис и отварную фасоль. Оформите зеленью.

цыпленок по-охотничьи

459 ккал

на 8 порций	
цыпленок	2 шт.
масло топленое	½ стакана
грибы	400 г
лук репчатый	1 головка
вино белое сухое	1 стакан
вода	1 стакан
томат-пюре	1 ст. ложка
сосиски	4 шт.
соль,перец	

■ Тушку промойте,нарежьте на порционные куски, посолите и поперчите. Обжарьте с маслом и положите на блюдо.

■ Лук нарежьте кубиками,грибы — ломтиками. Сосиски очистите от оболочки и нарежьте ломтиками.

■ В том же масле пожарьте грибы, лук и томат-пюре. Влейте вино и воду,заправьте солью, перцем и тушите 20 минут.

■ Положите в тушеные грибы кусочки цыпленка и тушите на слабом огне. В конце добавьте сосиски.

■ Подавайте с припущенным рисом.

цыпленок запеченный 1100 ккал

на 8 порций

цыплята	8 шт.
масло топленое	80 г
сыр сулугуни	100 г
брусника или клюква	400 г
соль,перец красный,зелень	

- Сыр нарежьте кубиками, смешайте с ягодами.
- Каждую тушку цыпленка посолите, поперчите снаружи и внутри, вложите внутрь приготовленный фарш и зашейте отверстие суровой ниткой.
- Подготовленную тушку нанижите на вертел и жарьте до полной готовности, все время переворачивая цыпленка и смазывая маслом.
- На гарнир можно подать маринованные фрукты и жареный картофель.

шорба с курицей

668 ккал

на 2 порции	
курица	1 шт.
горох	25 г
масло топленое	25 г
алыча свежая	50 г
или сушеная	20 г
лук репчатый	1 головка
кинза и зелень укропа	30 г
рис	25 г
соль,перец,мята сушеная	

- Промытую тушку курицы порубите на порционные куски,отварите до готовности с добавлением соли и выньте. Бульон процедите.
- Лук очистите,нарежьте кубиками.
- Горох замочите на 6 часов,а потом сварите.
- Кинзу и укроп мелко нашинкуйте.
- В кипящий бульон положите промытый рис,добавьте пассерованный лук и варите. За 15 минут до готовности добавьте сваренный отдельно горох, промытую алычу,доведите до готовности и посолите.
- Добавьте куски отварной курицы, зелень и снова дайте закипеть. При подаче посыпьте сушеной мятой.

цыпленок,жаренный в сухарях 1095 ккал

на 2 порции

цыпленок	400 г
мука	20 г
сухари	50 г
масло топленое	100 г
яйцо	1 шт.
зелень петрушки	65 г
соль,перец	

■ Промойте тушку цыпленка, порубите на куски, поперчите и посолите. Каждый кусок обваляйте в муке, окуните во взбитое яйцо, запанируйте в сухарях.

■ Обжаривайте во фритюре до образования золотистой корочки,затем прогрейте в духовке при 170 °С в течение 15—20 минут.

■ Зелень петрушки промойте,обсушите и обжарьте во фритюре.

■ При подаче на блюдо уложите цыпленка; посыпьте обжаренной петрушкой. На гарнир можно подать отварную стручковую фасоль и морковь.

курица,жаренная в тесте,с рисом 946 ккал

на 8 порций

курица	1,5 кг
мука	200 г
масло растительное	1 стакан
вода	1 стакан
водка	1 рюмка
сахар	1 ч. ложка
соль	
зелень	
для рисового гарнира:	
рис	2 стакана
лук репчатый	1 головка
масло растительное	4 ч. ложки
соль	

■ Тушку курицы залейте водой и варите до готовности с добавлением соли.

■ Замесите тесто из муки,масла,воды,водки,сахара и соли.

■ Мякоть курицы снимите с костей,нарежьте на порции. Каждую порцию,взяв на вилку,обмакните в тесто,обжарьте в сковороде с кипящим маслом. Выньте,как только зарумянится.

■ Для рисового гарнира: рис промойте,залейте кипятком,доведите до кипения,воду слейте,рис посолите,добавьте сырую луковицу и залейте кипятком так,чтобы он только слегка покрыл рис. Варите рис на пару до готовности,после чего удалите луковицу.

■ Подавайте курицу с рисом,оформив зеленью.

печень по-венгерски

700 ккал

на 2 порции	
печень гусиная	260 г
мука	20 г
яйцо	1 шт.
сухари	30 г
масло топленое	100 г
соль, перец, зелень петрушки	

■ Промытую гусиную печень нарежьте небольшими ломтиками.

■ Посыпьте перцем, обваляйте в муке, окуните в льезон, запанируйте в сухарях и обжарьте во фритюре. Солите только перед подачей, чтобы печень не затвердела.

■ При подаче посыпьте рубленой зеленью петрушки. На гарнир подайте картофельное пюре или отварной рис.

цыпленок табака

203 ккал

на 1 порцию

цыпленок	1 шт.
сметана	1 ч. ложка
масло топленое	20 г
чеснок	1–2 дольки
соус кетчуп	50 г
соль,зелень пряная	

■ Тушку промойте, разрежьте грудку, цыпленка разверните, при этом сделайте насечку по позвоночнику с внутренней стороны, слегка отбейте, придав плоскую форму, натрите чесноком, посыпьте солью и перцем.

■ Перед жаркой внутреннюю часть смажьте сметаной и положите на разогретую с жиром сковороду спинкой вверх, сверху положите крышку-пресс. Когда внутренняя часть цыпленка хорошо зарумянится, смажьте спинку сметаной, переверните ее вниз, положите на цыпленка пресс и жарьте до готовности.

■ Готового цыпленка положите на блюдо, оформите зеленью. Отдельно подайте соленья и острый кетчуп.

жареные цыплята с грибами

513 ккал

на 6 порций	
цыплята	3 шт.
лук репчатый	3 головки
грибы вареные	300 г
масло топленое	3–4 ст. ложки
шпик	200 г
соль, перец красный	

- Тушки цыплят промойте, посолите, натрите перцем.
- Лук нашинкуйте соломкой, грибы нарежьте ломтиками, шпик — тонкими пластинами.
- Нафаршируйте тушки цыплят грибами, луком, покройте тонким слоем шпика и обвяжите нитками.
- Жарьте в духовке до готовности с маслом, затем снимите нитки, удалите сало и запекайте цыплят до образования золотистой корочки.
- Перед подачей разделите цыплят пополам, подавайте с жареным картофелем и маринованными овощами.

индейка жареная

501 ккал

на 8 порций

индейка	1 шт.
жир	100 г
сметана	2 ст. ложки
яблоки	4 шт.
чернослив	200 г
масло сливочное	50 г
соль, специи, зелень пряная	

- Подготовленную тушку птицы, заправленную «в кармашек», посолите внутри и снаружи.
- Яблоки разрежьте на четыре части и удалите сердцевину, чернослив предварительно намочите и удалите косточки, фрукты перемешайте и заложите внутрь птицы.
- Индейку смажьте жиром и уложите на противень спиной вниз. Жарьте в духовке, периодически поливая выделившимся соком и жиром.
- Готовность определите путем прокола наиболее толстых частей. Если выделившийся сок прозрачный, птица готова.
- Готовую индейку уложите на блюдо, полейте соком, выделившимся при жарении. Гарнируйте картофелем фри и маринованными фруктами.

котлета по-киевски

1366 ккал

на 2 порции

филе куриное	2 шт.
хлеб пшеничный	60 г
сухари панировочные	50 г
масло сливочное	100 г
яйцо	1 шт.
масло растительное для фритюра	500 г
соль, зелень петрушки	

■ Куриное филе с косточкой отбейте в ровный пласт. Места прорыва и прореза закройте слоем мякоти, взятым от маленького филе. На середину пласта положите кусок холодного масла, сформованного в виде батончика, и заверните края большого филе так, чтобы полностью покрыть масло.

■ Котлету посолите и дважды запанируйте в хлебной крошке или сухарях, обмакивая в яйцо, взбитое с небольшим количеством воды. Жарьте во фритюре. Вынув из фритюра, выдержите 1–2 минуты в духовке.

■ При подаче к столу на крутон из пшеничного хлеба положите котлету и полейте маслом.

■ На гарнир подайте жаренный во фритюре картофель и зеленый горошек, заправленный маслом, припущенную морковь. Оформите веточками зелени.

жареные цыплята с миндальными орехами

991 ккал

на 4 порции

цыпленок	2 шт.
лимон	1 шт.
чеснок	1 головка
масло сливочное	100 г
орехи миндальные	100 г
лук репчатый (маленькие головки)	200 г
картофель молодой	500 г
зелень	1 пучок

■ Нашпигуйте тушку цыпленка дольками чеснока. Лимон поместите вовнутрь цыпленка. Смажьте цыпленка половиной сливочного масла и запекайте в духовке 1,5 часа.

■ Поливайте жиром время от времени. За 15 минут до окончания приготовления присыпьте ошпаренными и очищенными миндальными орехами.

■ Выложите цыпленка на блюдо, вокруг положите жареный картофель, а сверху – миндальные орехи. Оформите зеленью.

цыплята по-малайски

384 ккал

на 6 порций

цыплята (окорочка)	6 шт.
ананасы,консервированные кусочками	350 г
масло растительное	4 ст. ложки
соус соевый	2 ч. ложки
крахмал	1 ч. ложка
перец сладкий	2 шт.
соль,перец	

- Посолите и поперчите окорочка цыплят.
- Разогрейте масло и поджарьте окорочка до готовности.
- Смешайте крахмал с половиной ананасового сока,чтобы получилась однородная смесь,добавьте остальной сок. Доведите до кипения, помешивая, пока смесь не загустеет.
- Выложите окорочка на горячее блюдо вместе с ананасами,полейте соусом и оформите полосками болгарского перца.